AF357011

LES
SYRIENS CATHOLIQUES

ET

LEUR PATRIARCHE

MGR ANT. SAMHIRI,

PAR

L'ABBÉ JEAN MAMARBASCHI,

Secrétaire du Patriarche d'Antioche.

PARIS.

AUX BUREAUX DE L'*UNIVERS*,

Rue de Grenelle, 13,

ET AUX MISSIONS-ÉTRANGÈRES, RUE DU BAC, 128.

—

1855

LES SYRIENS CATHOLIQUES

ET LEUR PATRIARCHE

MGR ANT. SAMHIRI.

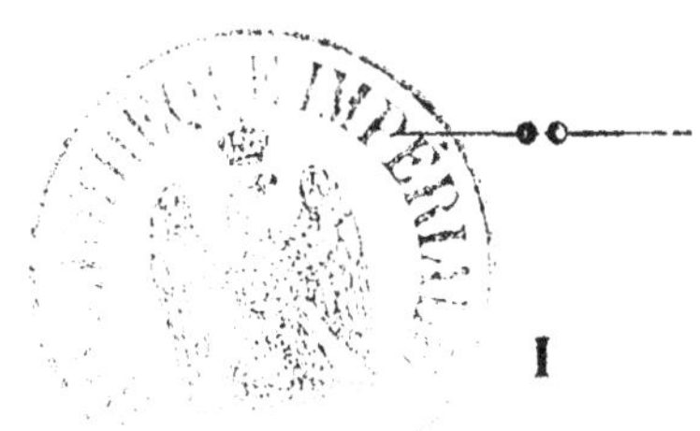

I

La nation des Syriens, qui était répandue dans la Palestine, la Syrie et l'Assyrie, ayant été convertie de l'idolâtrie au Christianisme par la prédication des apôtres, eut pour chef et pour premier patriarche (quoique alors ce titre n'existât point) saint Pierre lui-même, qui résida à Antioche l'espace de sept ans.

Appelé ensuite à fixer son siége dans la ville que Dieu avait marquée pour être la capitale et le centre du Christianisme, saint Pierre fut remplacé à Antioche d'abord par Odius, puis par saint Ignace, dont le nom resta héréditaire à tous les patriarches syriens. Tout l'est de l'Orient était soumis à l'évêque d'Antioche.

Les successeurs de saint Ignace, tantôt Syriens, tantôt Grecs, demeurèrent en union avec l'Eglise Romaine jusqu'au milieu du cinquième siècle. Mais alors éclata la funeste hérésie d'Eutychès, archimandrite, et de Dioscore, patriarche d'Alexandrie, qui n'admettaient qu'une seule nature en Jésus-Christ. La nation syrienne, embrassant cette erreur, se sépara du centre de la foi. Ce fut une source de maux incalculables, qui perdirent les âmes et les corps, et que nous pleurons avec des larmes de sang.

Par la suite, les Syriens modifièrent la primitive hérésie d'Eutychès. Ils dirent que la seule nature de Jésus-Christ était composée de deux, la divine et l'humaine, sans changement ni mélange ni confusion, et qu'ainsi Jésus-Christ avait les deux natures, et cependant n'en avait qu'une; comme l'âme et le corps, étant deux natures différentes, n'en font néanmoins qu'une seule, qui est la nature humaine. Au milieu du sixième siècle, cette hérésie fut énergiquement propagée par Jacques Baradchi, évêque d'Ur, et ceux qui la suivirent furent appelés *Jacobites*

Ils y ajoutèrent bientôt des erreurs pires encore. Ils ne crurent en Jésus-Christ qu'une seule volonté, et en même temps deux personnes, comme deux natures; et, de même que ces deux natures n'en faisaient suivant eux qu'une seule, ils dirent que les deux personnes n'en faisaient qu'une seule aussi. L'inventeur de ces misérables subtilités fut un de leurs patriarches du neuvième siècle.

L'hérésie des Syriens jacobites sur l'incarnation du Messie les a entraînés dans un gouffre d'ignorance et d'erreurs. Ils nient la procession du Saint-Esprit à l'égard du Fils, l'existence du purgatoire, la félicité des saints, et naturellement l'autorité et la suprématie du Pape. Allant plus loin, ils attribuent la passion à la Divinité elle-même. Conséquence de cette fausse croyance qu'il n'y a en Jésus-Christ que la nature divine, laquelle a entièrement absorbé la nature humaine, qui a disparu tout à fait; ce qu'ils affirment en ajoutant dans la liturgie, au *trois fois saint*, ces mots : *Qui a été crucifié pour nous.*

Ils admettent d'ailleurs les sept sacrements de l'Eglise comme les catholiques, sans aucune différence.

A plusieurs reprises les Jacobites, tourmentés par ce qui leur reste de vérité, ont voulu s'unir à l'Eglise Romaine. Dans le seizième siècle, leur patriarche Ignace Jacques, envoya sa profession de foi orthodoxe au Souverain-Pontife Jules III; mais, craignant les hérétiques obstinés, il ne resta pas longtemps fidèle. Son successeur, Ignace David, joua le même rôle auprès du pape Grégoire XIII. Sa profession de foi existe encore à la bibliothèque Vaticane. Il eut peur à son tour et revint à l'erreur.

Au dix-septième siècle, le patriarche Simon donna un meilleur exemple. Il embrassa la foi catholique et persévéra. C'est par lui qu'un grand nombre de catholiques sont entrés dans le sein de l'Eglise. Simon est mort en 1662. Il eut pour successeur Ignace-André Ahidjan, élève du Collége syrien-maronite de Rome, confirmé comme patriarche par Alexandre VII, et mort à Alep en 1672.

Le patriarche Ignace Pierre, successeur d'Ignace André, fut exilé par les intrigues de Georges, évêque jacobite d'Ur, et mourut captif à Adana en 1701. Aussitôt ce Georges s'empara du siége, et les Syriens catholiques restèrent sans patriarche jusqu'en 1783; mais la succession des évêques ne souffrit point d'interruption.

En 1782, le patriarche jacobite Ignace Georges III, natif de Mossoul, sentant venir la mort, avait envoyé à Rome sa profession de foi, en demandant l'union avec la sainte Eglise catholique. Lorsqu'il était au lit, le peuple et le clergé vinrent le conjurer de choisir lui-même son successeur, pour éviter le trouble qui menaçait la nation tout entière. Il consentit à leurs vœux, et désigna Denis-Michel Djarvé, évêque d'Alep, qui avait déjà embrassé la foi catholique. Quelques évêques jacobites et la plus grande partie du peuple approuvèrent cette élection, assurant même qu'ils suivraient la religion du patriarche élu dont on connaissait la sainteté.

Georges III étant mort, Michel Djarvé, par ordre du Saint-Siége apostolique, se rendit à Zahfaran, résidence patriarcale [1], et il y fut consacré patriarche par quatre évêques [2] qui avaient embrassé la croyance catholique.

Ce règne, qui donnait de si belles espérances, fut bientôt cruellement troublé par la criminelle ambition de l'évêque de Mossoul, nommé Matthieu, surnommé le *Renard*. Avant la mort de Georges III, l'évêque de Mossoul avait ardemment propagé la foi catholique, pensant par ce moyen arriver au patriarcat; mais lorsqu'il se vit préférer l'évêque d'Alep, il retourna au jacobisme, comme le chien à son vomissement, et résolut de faire périr le bon patriarche Michel Djarvé.

---

[1] Près de Mardin.
[2] Bescharah et Abraham, nés à Mardin : Moïse, né à Alep : Nehmé, né à Sadad.

vec l'aide du patriarche arménien hérétique, il ob-
'nt d'abord un firman qui l'exila à Bagdad, et chercha
nsuite à le faire mettre à mort. Heureusement, le vé-
iérable proscrit put s'échapper et se refugier dans le
iban, à Schiarfeh. Il y passa dix-sept années et mou-
ut en 1800, laissant une sainte renommée.

Un curé d'Alep, Michel Daher, lui succeda et exerça
e patriarcat jusqu'en 1814. Ayant abdiqué son siége,
l fut remplacé par Simon Hendi, de Mossoul, lequel,
près dix années d'incessantes fatigues, suivit l'exem-
le de son prédécesseur, et donna sa démission. Pierre
)jarvé, archevêque de Jérusalem, fut élu en 1820 et
eçut le pallium. Après un séjour de sept années à
ichiarfeh, il vint résider à Alep sa patrie.

Ce fut sous le patriarcat de Pierre Djarvé, en 1827,
que des conversions héroïques, opérées dans le sein
lu jacobisme, déterminèrent un grand mouvement
vers la foi catholique. Il y avait un homme dont les
alents, la sagesse, le courage et les vertus étaient cé-
èbres parmi les Syriens. A vingt-cinq ans, son mérite
reconnu lui avait valu les fonctions de vicaire-général
le tout le patriarcat, et tous les Jacobites attendaient
qu'il eût atteint l'âge requis pour l'élever au premier
ang : cet homme était Mgr Samhiri. On apprit tout à
coup qu'il avait embrassé la foi catholique. Sa conver-
iion, qui sera racontée dans la seconde partie de cette
notice, en entraîna plusieurs autres, presque également importantes. La première fut celle de Mgr Grégoire Hyza, natif, comme Mgr Samhiri, de Mossoul, et
qui embrassa la foi catholique le même jour que son
illustre compatriote, c'est-à-dire le 17 avril 1827. Au
mois de juin suivant, se convertit Mgr Jacques Haliani,
archevêque de Damas; puis, en 1832, Mgr Matthieu
Nakar, archevêque de Nabe. Beaucoup plus tard, les
instructions de Mgr Samhiri firent encore rentrer dans
le giron catholique Mgr Grégoire Zaïtoune, archevêque
des grandes montagnes de Medyat. Ainsi que nous le
dirons plus loin, chacune de ces conversions éclaira
un grand nombre d'esprits, non-seulement parmi le
peuple, mais encore parmi les prêtres. Terminons cet
abrégé de l'histoire de l'Église catholique chez les
Syriens.

L'établissement de la résidence patriarcale à Alep coûta bien cher à Mgr Ignace Pierre Djarvé et à son peuple.

Le vénérable patriarche avait cru cette résidence plus commode et plus sûre que la retraite du mont Liban. Natif d'Alep, il y était chez lui au lieu d'habiter parmi les étrangers; il s'y trouvait à l'abri des Druses, qui, à plusieurs reprises, ont dépouillé et brûlé les couvents et les églises des Maronites. Enfin, tous les Syriens d'Alep ayant embrassé la foi catholique, ils avaient la disposition de leur belle église, où le rit syrien pouvait développer sa touchante majesté.

Mgr Djarvé transporta donc à Alep tout ce que son église avait de plus cher et de plus précieux en ornements, vases sacrés, livres manuscrits, dont plusieurs remontaient jusqu'au sixième siècle de l'ère chrétienne. Il vendit même quelques propriétés affectées à la subsistance du patriarche, et à la place, il acheta cinq maisons dans Alep même.

Mais à peine avait-il réuni ces humbles richesses et commencé à exercer ce culte antique et saint dont la beauté rappelle la primitive Église, que tout à coup une sédition aussi furieuse qu'imprévue fondit sur les chrétiens d'Alep. Les Turcs, rassemblés en foule, se ruèrent sur la maison du patriarche, dans le dessein de le tuer; ils le dépouillèrent, le frappèrent à coups de sabre et de couteau, et plusieurs commencèrent à le tirer par les pieds, afin de l'égorger dans la rue. Mais son heure n'était pas encore arrivée. Un de ces hommes eut plus d'humanité que les autres; il arracha le martyr des mains de ses bourreaux et l'emporta tout sanglant dans sa maison. Il y demeura trois jours, après lesquels le consul de France, M. de Lesseps, digne représentant de la grande nation catholique, vint chercher le patriarche et le fit transporter au palais consulaire. Mgr Djarvé resta trois mois dans cet asile inviolable, comblé de marques de bonté que rien ne peut exprimer et dignes, en un mot, d'un homme que tout le monde à Alep appelait le tendre père des chrétiens, mais surtout des pauvres et des malheureux. M. de Lesseps ne consentit à laisser le patriarche sortir de chez lui que lorsqu'il le vit complétement guéri de toutes ses blessures.

Le désastre fut d'ailleurs complet. Non contents d'avoir pillé et enlevé tout ce qu'ils avaient trouvé de précieux, les Turcs firent dévorer par l'incendie ce qu'ils ne pouvaient emporter ; ils amassèrent le bois dans l'église, l'arrosèrent d'huile et y mirent le feu. L'église, le palais, la bibliothèque, les cinq maisons dont le revenu assurait la subsistance du patriarche, tout fut consumé par cet incendie qui dura trois jours, et les pierres même devinrent de la chaux. Ainsi l'Église catholique syrienne perdit ce qu'elle possédait de plus précieux et se trouva plus pauvre qu'elle n'avait jamais été.

Le patriarche lui-même survécut peu à cette ruine totale. L'événement était arrivé en 1830 ; Mgr Djarvé mourut en 1831.

Mais nous pouvons dire que de l'excès de nos misères sortit notre salut, puisque le successeur de Mgr Djarvé fut Mgr Samhiri, dont nous allons esquisser l'histoire.

II

Mgr Antoine Samhiri, d'une illustre et très-antique famille, est né à Mossoul, dans l'Assyrie, en 1801. Ses parents, jacobites, l'élevèrent dans leur religion ; il resta parmi eux jusqu'en 1819, et reçut les ordres mineurs et le diaconat de l'évèque de Mossoul. A l'âge de dix-neuf ans, il quitta sa patrie et vint à Mardin en Mésopotamie, résidence du patriarche jacobite. Il voulait se consacrer à la vie monastique dans l'Ordre de Saint-Antoine, dont le chef est le patriarche lui-même ; mais le patriarche, reconnaissant sa capacité, le fit son secrétaire, l'ordonna prêtre dès qu'il eut atteint vingt-deux ans, et bientôt après, en 1826, le sacra évèque coadjuteur et vicaire-général du patriarche avec future succession.

Jusqu'alors, M. Samhiri s'était montré en toute occasion plein de zèle pour le Jacobisme. Non-seulement, il s'efforçait de persuader les catholiques, mais encore il les persécutait, et, suivant les procédés de la secte, à diverses reprises il fit jeter en prison plusieurs de ceux qui lui résistaient. Mais la vérité s'empara de lui lorsqu'il cherchait des armes pour la combattre.

Ayant voulu mettre de l'ordre dans la bibliothèque patriarcale, qui était assez négligée, il y trouva quatre petits volumes dont le titre annonçait qu'ils contenaient la profession de foi orthodoxe de plusieurs patriarches jacobites. Il les emporta chez lui dans l'intention de les étudier, espérant y puiser en même temps la confirmation de sa croyance et de nouveaux arguments contre les catholiques. Ces professions de foi étaient : la première, d'Ignace Georges III; la seconde, d'Ignace-Matthieu, de Mardin; la troisième, d'Ignace Behnam, qui fut précipité d'une haute montagne et mourut sur le coup; enfin la quatrième, de Georges IV, patriarche régnant.

Le jeune coadjuteur les lut toutes, et, à sa grande surprise, il vit qu'elles prouvaient la croyance catholique par des arguments très-forts tirés de l'Ecriture sainte et des Pères orientaux, surtout de saint Ephrem, de saint Jacques de Nisibe, de saint Basile, de saint Cyrille d'Alexandrie, etc. Il médita, se sentit changé; et, comme il avait été de bonne foi dans l'erreur, il ouvrit tout son esprit et tout son cœur à la vérité.

Sans perdre de temps, il se rendit à Diarbakir, où était le patriarche, et l'ayant pris en secret, il lui dit : « Quand nous disputons contre les catholiques, nous « affirmons qu'ils sont errants et nous les pressons « de nous suivre, parce que nous prétendons être « dans la vraie voie. Cependant, voici votre profession « de foi et celles de vos prédécesseurs, qui montrent « jusqu'à l'évidence la vérité de la croyance catholi- « que et la fausseté de la nôtre. Les textes de l'Ecri- « ture sont clairs, les arguments des Saints-Pères sont « invincibles : la vérité est avec les catholiques, l'er- « reur avec nous. Pourquoi n'abjurons-nous pas l'er- « reur et n'embrassons-nous pas la vérité? »

Le patriarche répondit : qu'en effet, la croyance catholique est la véritable; mais que s'il la professait maintenant, il aurait le sort des patriarches qui l'ont fait ou essayé avant lui. « Les uns, dit-il, ont été exi-

« lés, d'autres dépouillés et emprisonnés, d'autres mis
« à mort. Il y a trop d'obstination parmi les évêques,
« trop d'ignorance et de fanatisme dans le peuple pour
« hasarder une pareille démarche ; attendons une oc-
« casion favorable et ne tentons pas Dieu. Celui qui
« aime le péril y périra. Nos prédécesseurs ont aimé
« le péril, ils ont péri. Le bon Dieu sait bien que nous
« sommes catholiques dans le cœur ; quoique nous ne
« puissions pas nous déclarer, il nous jugera selon
« notre intention. »

«—Cette espérance, reprit Mgr Samhiri, est mal fon-
« dée ! » Et il termina l'entretien par ce peu de mots,
bien décidé à ne jamais admettre les lâches raisons
qui endormaient la conscience du patriarche.

En effet, de retour à Mardin, il enseigna aussitôt la
vraie foi, quoique sans publier encore sa conversion.
Il travailla ainsi, secrètement, jusqu'à ce qu'il eût per-
suadé l'archevêque jacobite de Jérusalem, Mgr Grégoire Hyza, que quelques affaires de son diocèse avaient
heureusement amené à Mardin, plus quatre curés,
deux diacres, dix acolytes et environ cent cinquante
familles du peuple. Alors, donnant l'exemple, Mgr Samhiri se déclara catholique ; et ayant été absous de
l'hérésie par Mgr l'archevêque arménien catholique de
Mardin, Joachim Tase-Basc, élève de la Propagande,
il donna, à son tour, l'absolution aux curés, au clergé
et au peuple. C'était en 1827. Les deux évêques convertis se hâtèrent de formuler leur profession de foi
et de l'envoyer au Souverain-Pontife Léon XII.

Ces faits eurent un grand retentissement, et le patriarche jacobite en fut bientôt instruit. Il écrivit à
Mgr Samhiri pour lui exprimer son indignation et ses
inquiétudes ; il craignait surtout qu'on n'attribuât à
son influence cette abjuration qui s'était opérée dans
sa résidence patriarcale et dont le principal auteur
était son propre grand-vicaire. « Si je me tais, lui di-
« sait-il, les évêques m'accuseront, je perdrai le pa-
« triarcat, et je mettrai ma vie en péril. D'un autre
« côté, je ne voudrais pas vous persécuter, car j'ai
« une tendre affection pour vous. Je vous en prie,
« soyez docile à mon avis, revenez de vous-même et
« ne m'obligez pas à employer la force. »

Mgr Samhiri lui répond en ces termes :

« Ayant connu la vérité, il m'est impossible de ne
« pas l'embrasser de tout mon cœur, puisque je n'ai
« qu'une âme, laquelle étant perdue le serait éternel-
« lement. Je dois obéir à Dieu plus qu'aux hommes,
« suivant la doctrine de Pierre, prince des Apôtres.
« Croyez-en mes prières, faites comme moi. Embras-
« sez cette sainte vérité que vous avez démontrée avec
« tant d'évidence, et ne craignez point ceux qui ne
« peuvent perdre que le corps, mais plutôt ceux qui
« peuvent perdre l'âme. Pour moi, je comprends les
« menaces que Votre Béatitude m'adresse, et je ne les
« crains point. J'ai choisi la bonne part, elle ne me
« sera jamais ôtée. Ce que vous voulez faire, faites-le
« promptement. »

Le patriarche n'hésita pas davantage. Poussé à la
fois par la colère et par la peur, il s'adressa au pacha
de Mardin et lui donna de l'argent pour qu'il mît les
deux évêques en prison. Le pacha les fit enfermer;
mais, au bout de quinze jours, les captifs ayant pu à
leur tour fournir une somme, il leur rendit la liberté.

Convaincu qu'il n'arriverait à aucun résultat par le
moyen du pacha, et que ce fonctionnaire, comme tous
ceux de son espèce, ne chercherait qu'à tirer de l'argent des deux partis, le patriarche se rendit à Constantinople avec une forte somme. Les circonstances, d'ailleurs, favorisaient sa passion. La Porte venait de perdre sa flotte à Navarin, et n'avait pas besoin d'être
sollicitée pour persécuter quiconque professait la religion des Francs.

Arrivé à Constantinople, le patriarche remit la sup-
plique suivante :

« Moi, patriarche d'Antioche par la grâce de Dieu
« et la protection du sultan Mahmoud, fidèle sujet de
« l'empire Ottoman :

« Ayant trouvé parmi mes sujets deux évêques qui
« non-seulement ont suivi la religion des ennemis de
« la Sublime-Porte, mais encore exhortent les autres
« à embrasser la même foi et à suivre le même parti
« ennemi de S. M. I. Je suis venu au pied du trône,
« et je supplie S. M. I. de m'accorder un firman qui
« oblige les évêques rebelles à rentrer dans mon obéis-

« sance, sous peine d'être exilés là où je le trouverai
« bon, ou emprisonnés jusqu'à ce qu'ils m'obéissent. »

Il obtint tout ce qu'il demandait à meilleur marché
qu'en toute autre occasion, et se croyant assuré de
vaincre, il revint triomphant. On lui avait même ac-
cordé un officier particulier pour l'exécution de l'ordre
impérial. Aussitôt arrivé à Mardin, il mit la pièce
sous les yeux du pacha. Celui-ci manda les évêques.

— Obéissez au patriarche, leur dit-il, après leur
avoir lu le firman. — Nous lui obéissons, répondit
Mgr Samhiri, pour tout service temporel auquel il
peut avoir droit; mais, quant à la croyance, nous ne
pouvons aucunement lui obéir. — Pourquoi? demanda
le pacha. — Parce que, répondit l'évêque, cette
croyance est opposée à l'Evangile et à la doctrine des
Apôtres. Nous savons que le Christ a souffert dans son
humanité, et le patriarche veut que nous attribuions
sa passion à la Divinité elle-même, en disant : «Saint
« le Dieu, saint le Tout-Puissant, saint l'Immortel
« *qui a été crucifié pour nous.* »

Le pacha entra là-dessus dans des disputes qui ne
pouvaient mener à rien, mais qui avaient pour but de
tirer encore quelque argent. Fatigué de ces lenteurs,
le patriarche lui envoya dire : « Si ma doctrine s'op-
pose à l'Évangile et à la doctrine des Apôtres, si la
Passion doit ou ne doit pas être attribuée à la Divinité,
cela ne regarde point le pacha. Sa loi et sa religion à
lui est d'obéir au sultan. J'ai un ordre du sultan
que le pacha, s'il est bon musulman et sujet fidèle,
doit mettre à exécution. Or, l'ordre du sultan veut
ou que ces évêques révoltés retournent à mon obéis-
sance, ou qu'ils soient exilés dans le lieu que je dési-
gnerai, ou qu'ils soient enfermés jusqu'à ce qu'ils
m'obéissent. »

A ce message il avait eu soin de joindre des présents.
Le pacha ne fit plus de difficultés. Il demanda encore
une fois aux évêques s'ils voulaient obéir; et ceux-ci
ayant répondu non, il ordonna avec colère de les lier
et de les mener dans la prison du château. C'était
l'effet des largesses du patriarche; car la prison du
château est réservée aux criminels que l'on punit de
mort, et le firman n'exigeait point cette rigueur.

Mgr Samhiri embrassa Mgr Hyza et lui dit : « L'hérésie était une prison éternelle ! »

On les enchaîna et on les jeta dans un souterrain obscur, sale et humide. La terre servait de lit aux captifs, une pierre était leur chevet ; ils avaient pour compagnons deux scélérats qui peu de temps après furent exécutés.

Une peste contagieuse sévissait alors à Mardin si cruellement que sur 300 soldats qui formaient la garnison du château, 265 moururent. On les enterrait dans le château même, mais avec tant d'incurie que l'infection des cadavres, perçant la légère couche de terre qui les couvrait, remplissait l'atmosphère d'une odeur capable à elle seule d'occasionner la mort. Pour neutraliser un peu cette puanteur insupportable, Mgr Samhiri demanda une tabatière, et chose étrange, dès qu'il commença à priser, il fut guéri d'une maladie d'humeurs qui auparavant le jetait au lit deux fois par mois. Les saints confesseurs rendirent grâce à Dieu qui conservait et affermissait leur santé au milieu de pareils tourments et malgré la fureur d'un fléau qui faisait autour d'eux tant de victimes.

Les pieux catholiques de Mardin n'oubliaient pas leurs pères prisonniers. Sachant quel est l'ordinaire d'une prison turque, ils avaient soin de leur envoyer chaque jour quelques aliments ; mais les soldats et leur gouverneur s'emparaient de ces offrandes et réduisaient les captifs au pain noir et à l'eau du puits.

Au supplice de la faim s'ajoutait le supplice continuel de la malpropreté. Tout brutal qu'était le gouverneur du château, il avait fini par concevoir une sorte d'affection pour les deux évêques, particulièrement pour Mgr Samhiri. Celui-ci lui demanda un jour la grâce de pouvoir passer une heure au soleil, et l'ayant obtenue, il voulut essayer de nettoyer ses habits qui étaient déjà remplis de vermine, quoiqu'il en eût changé depuis vingt-quatre heures seulement. Pendant qu'il s'occupait ainsi, il lui vint à l'esprit de compter les poux qui s'y trouvaient, du moins les plus gros. Il compta jusqu'à sept cents ; et se prenant à sourire, il râcla le reste avec un morceau de bois, puis rentra dans son cachot.

La haine des hérétiques voulut augmenter encore toutes ces souffrances. Sachant que le pacha venait d'expédier au gouverneur du château l'ordre de faire étrangler les deux criminels qui étaient détenus avec les évêques, ils gagnèrent le porteur de la sentence, et celui-ci, se conformant à leurs instructions, sut persuader aux prélats que l'ordre d'exécution les regardait aussi. On espérait par là les frapper de terreur et leur arracher enfin une rétraction; mais ils conçurent des sentiments bien contraires. Si, d'une part, ils regrettaient d'abandonner leurs enfants spirituels à peine nés à la foi, d'un autre côté, ils remerciaient avec effusion la divine bonté qui leur offrait la couronne des martyrs.

L'heure arrive; les deux confesseurs s'encouragent mutuellement. On les fait sortir en même temps que les criminels, enchaînés comme eux et en apparence réservés au même sort. Bientôt les deux Turcs sont étranglés en leur présence; les évêques échangent un dernier adieu et attendent leur tour. On leur dit alors que l'ordre du pacha ne les concerne point, et on les ramène dans la prison.

Ils y restèrent huit mois.

Au bout de ce temps, la France ayant conclu la paix avec la Turquie et ayant stipulé, parmi les autres conditions du traité, que la liberté serait rendue aux prisonniers catholiques, Mgr Coprit, prélat français, délégué apostolique à Bagdad et en même temps agent consulaire de France, fit délivrer Mgr Samhiri et son compagnon. Néanmoins, comme des malfaiteurs à qui l'on accorde une grâce imméritée, ils se virent imposer une lourde amende de huit mille francs.

C'était huit mille fois plus qu'ils ne possédaient. Ils se virent donc, sortant de prison, obligés de demander secours aux catholiques de tout rit. Leur appel fut entendu. Il y eut de pauvres gens qui vendirent leurs habits et leur indigente vaisselle pour préserver d'un nouvel emprisonnement les confesseurs de la foi. On bénissait leur constance; on admirait la grâce de Dieu qui les tirait d'une si cruelle prison mieux portants qu'ils n'y étaient entrés. Cela semblait un miracle, et plusieurs Jacobites, y voyant le doigt de la Providence, en furent touchés jusqu'à se convertir. Mais, malgré le dévouement des catholiques de Mardin, leur pauvreté ne leur permit pas de contribuer plus de deux mille francs, et il fallut emprunter des Turcs, au denier vingt, les six mille francs nécessaires pour compléter l'amende.

Confiant à Mgr Hyza les nouveaux catholiques de Mardin, dont le nombre s'accroissait en dépit des persécutions, Mgr Samhiri parcourut la Syrie pour recevoir les aumônes des âmes pieuses. Il envoyait l'argent à mesure, afin d'éteindre la dette, que les intérêts auraient bientôt doublée et triplée.

Mais, pendant ces courses trop nécessaires, un nouvel orage fondait sur les catholiques de Mardin. Le patriarche jacobite obtint du pacha, par les moyens ordinaires, qu'il lui livrât comme prisonniers l'évêque Hyza et les trois curés convertis (le quatrième était mort). Il les emmena chez lui, à Zahfaran, et les enferma, chargés de chaînes, Mgr Hyza dans une écurie, les trois curés dans une étable. Et telle était cette nouvelle prison, que Mgr Hyza a déclaré qu'il eût mieux aimé passer encore huit mois dans le château chez les Turcs, qu'un seul mois dans l'écurie du patriarche jacobite.

Ce malheureux venait chaque jour visiter ses prisonniers et ne rougissait pas de les frapper lui-même avec un bâton, principalement Mgr Hyza. C'était son dernier argument pour les faire revenir au Jacobisme. Chaque jour aussi il les obligeait à formuler leur croyance, dans l'espoir que tout meurtris de la veille, pour éviter de nouvelles injures et de nouveaux coups, l'un d'eux au moins renierait la vérité ; mais les serviteurs du Christ furent invincibles. Quand le bourreau redoublait ses cruautés, ils redoublaient les actes de foi et les prières. « Nous sommes catholiques, disaient-ils, nous mourrons catholiques. — Oui, Seigneur, ajoutaient-ils, s'adressant à Dieu, nous méritons tout ceci et plus encore. Que ces souffrances et ces avanies expient nos péchés et ceux de nos ancêtres qui ont introduit l'hérésie. O Dieu, ayez pitié de celui qui nous frappe ; car il est hors de lui-même ; il est ivre, et il ne sait ce qu'il fait. » C'est que véritablement

ce misérable patriarche, avant d'entrer chez ses prisonniers, s'abreuvait d'eau-de-vie pour étouffer en lui
toute conscience et toute humanité.

Plusieurs évêques jacobites l'excitaient encore contre
les convertis. Il faut les tuer, lui disaient-ils. Et lui
leur répondait que c'était bien aussi son désir, mais
qu'il avait promis au pacha de les lui rendre vivants,
ou de payer 50,000 piastres [1] pour la vie de chacun
d'eux. Toutefois, ajoutait-il, si je tenais Samhiri, je le
tuerais, dût-il m'en coûter non 50,000 piastres, mais
50,000 francs.

Mgr Samhiri était à Alep lorsqu'il eut enfin con-
naissance de ces faits. Il se rendit immédiatement
chez le consul de France, et lui demanda une lettre
de recommandation pour l'ambassadeur français à
Constantinople, protecteur-né de tous les catholiques.
La lettre lui fut donnée telle qu'il la désirait. Peu de
temps après, il la remettait lui-même à l'ambassadeur, qui était alors M. le général Guilleminot.

Le noble cœur du Français s'émut au récit de tant
de souffrances. Sans délai, avec une activité et une
ardeur infatigables, il obtint un firman qui exemptait
les catholiques de la juridiction et de la dépendance
jacobite. Mgr Samhiri, bénissant Dieu et la France, se
hâta d'envoyer à Alep plusieurs copies authentiques
de ce firman. Le nouveau pacha de Mardin (l'autre,
auteur de toutes les injustices que l'on vient de rap-
porter, avait été dégradé) en reçut une, et fit aussitôt
délivrer Mgr Hyza et les trois curés.

Plus de cinquante familles jacobites, que la persécution empêchait de se déclarer catholiques, voyant
ce changement, embrassèrent la foi. Conséquence ordinaire des persécutions, comme on le voit dans toute
l'histoire de l'Église.

Mais le temps de l'épreuve ne devait pas être si
court, Mgr Samhiri ne tarda pas à s'en convaincre.
Ayant terminé ses affaires à Constantinople, il s'était
embarqué pour revenir en Syrie, et de là retourner
par terre à Mardin. Malheureusement, le petit navire
turc qui le portait fut rencontré par une frégate de

[1] Onze mille francs.

Méhémet-Ali, vice-roi d'Egypte, alors en guerre contre la Porte, qui le prit et l'emmena dans le port
d'Alexandrie. Là, au mois de juin, sans abri sous un
ciel de feu, l'équipage et les passagers du navire turc
firent une quarantaine de vingt et un jours. Au dire
de Mgr Samhiri, cette captivité pouvait encore compter pour quelque chose, même après huit mois de séjour dans la prison du château de Mardin. Enfin, la
quarantaine finie, les captifs furent invités à montrer
leurs passeports. Mgr Samhiri en avait un de l'ambassadeur français, son généreux protecteur. Il le fit
porter au consul de France à Alexandrie, M. Mimaut,
près duquel il trouva l'accueil honorable et empressé
qu'il était sûr de rencontrer auprès de tous les repré-
sentants de la grande nation catholique. M. Mimaut
lui envoya son drogman avec un beau cheval, et le
prélat entra dans Alexandrie comme en triomphe. Les
catholiques, qui y sont nombreux, montrèrent une
grande joie, n'ayant point d'évêque en ce moment là.
Mais l'allégresse éclata surtout parmi les Cophtes catholiques du Caire. Leur évêque était mort, et ils se
voyaient obligés d'envoyer son successeur à Rome pour
être consacré, voyage qui offrait de grandes difficultés.
L'arrivée de Mgr Samhiri les tirait de cet embarras
d'une manière aussi agréable qu'inattendue. Ils en
rendirent grâces à Dieu, et bientôt après, ayant reçu de
Sa Sainteté le pape Grégoire XVI une bulle qui permettait à Mgr Samhiri d'ordonner celui qu'ils avaient
élu, la cérémonie se fit au Caire avec beaucoup de
solennité. Ce fut pour la première fois depuis bien des
siècles que le Caire vit une consécration d'évêque.

Mgr Samhiri demeura au Caire jusqu'au rétablis-
sement de la paix entre la Turquie et l'Egypte. Il revint alors à Mardin, avec des firmans énergiques et de
l'argent, et le pacha l'autorisa à s'emparer de deux
églises, sur les trois que les Jacobites y possédaient. Ce
fut un succès malheureux, car le patriarche et les
évêques jacobites ne tardèrent pas à apporter au pacha des cadeaux plus considérables, et il leur permit
de reprendre les trois églises. Mais les Jacobites voulaient davantage. Ils ajoutèrent à leurs cadeaux beaucoup d'argent, et ils demandèrent au pacha de leur

livrer Mgr Samhiri ou de les en défaire. Il leur répondit qu'il ne pouvait pas le livrer sans se compromettre, puisqu'il avait, comme le patriarche, des firmans ; que cependant on pourrait s'entendre.

Averti par un des hommes du pacha qui lui avait quelques obligations, et qui peut-être ne faisait qu'obéir à son maître, Mgr Samhiri changea de demeure et resta caché pendant environ quarante jours pour se mettre à l'abri d'un mauvais coup, précaution utile en attendant qu'il pût entrer en amitié avec le pacha par les moyens ordinaires, ce à quoi l'on avisa le plus promptement que possible. En effet, le pacha, satisfait de la somme que l'on parvint à lui donner, offrit à Mgr Samhiri de lui rendre les églises, s'il voulait mettre un certain appoint. L'évêque refusa, malgré l'avantage immense qu'il y a toujours dans ce pays à paraître le plus riche ou le plus fort. Considérant l'irritation des Jacobites lorsqu'il s'était emparé des églises et comment, non content de les lui avoir reprises ils voulaient encore le faire périr, le prélat aima mieux leur en laisser la jouissance. Il acheta une maison composée de quatre chambres : la première destinée au service divin, la seconde à l'école, la troisième à l'évêque, la quatrième pour servir de réfectoire et de parloir.

Là, Mgr Samhiri, qui, à travers toutes les persécutions, n'avait pas cessé de prêcher et d'enseigner, put se livrer avec un peu plus de sécurité à ce travail apostolique. Tous les jours il instruisait les hérétiques et les catholiques ignorants, il répandait la parole divine, il propageait la foi. Pour donner une idée de son éloquence, il suffit de dire qu'elle n'est pas au-dessous de son zèle.

Pendant ce temps, Mgr Hyza fit le voyage de Rome, d'où il revint archevêque de Mossoul.

Les choses restèrent en cet état jusqu'en 1836, époque où mourut le patriarche Georges IV. Les Jacobites élurent à sa place Élie Anguese, archevêque de Mossoul. Par ce choix, il surent donner à Georges IV un successeur plus perfide encore et plus méchant que lui.

Élie Anguese, fourbe et cruel, portait aux Catholiques

une haine sans bornes. C'était par ces qualités qu'il paraissait mériter le patriarcat. Il disait grossièrement : Enfermez tous les Catholiques dans mon ventre, et donnez un coup d'épée.

Dès qu'il fut consacré, il courut à Constantinople bien muni d'argent, et par ses présents et par ses intrigues, aidé du représentant de la Russie, protectrice de tous les schismatiques, comme la France l'est de tous les Catholiques (mais la Russie était prépondérante), il obtint des firmans terribles : entre autres choses, défense fut faite aux catholiques d'enterrer leurs morts dans leurs propres tombeaux, iniquité violente et bien capable de consterner les Catholiques en leur donnant une idée formidable du crédit de leurs ennemis ; défense fut faite aux Jacobites d'embrasser le Catholicisme, et le même firman permettait aux Catholiques de retourner au Jacobisme. A Mossoul, Mgr Grégoire Hyza avait réussi à partager les églises entre les Jacobites et les Catholiques, devenus très-nombreux. Un firman annula ce partage, qui était pourtant de toute justice, puisque les églises appartiennent à la communauté syrienne, dont la moitié avait embrassé la foi catholique. Mais Mgr Hyza ne se laissa point abattre : Il prit des témoignages des habitants turcs de Mossoul, attestant que de tout temps les églises avaient été les propriétés de tous les Syriens indivisément ; et malgré son grand âge, il vint à Constantinople, voyage de cinquante jours en caravane. Les documents qu'il apportait et la protection française le remirent en possession de ses églises.

Anguese n'en fut que plus furieux contre les Catholiques ; de retour à Mardin, il donna un libre cours à sa haine. Comme on devait s'y attendre, il s'acharna principalement contre Mgr Samhiri, qui lui était, disait-il, *un clou au cœur*. Sans cesse il exhortait les musulmans à le tuer, mais les Catholiques veillaient, et, grâce à Dieu, découvraient ses ruses. Quand le péril paraissait plus grave, Mgr Samhiri fuyait à Diarbakir, où, d'ailleurs, son apostolat produisait les mêmes fruits qu'à Mardin. Si le patriarche le poursuivait à Diarbakir, il revenait à Mardin.

Las de ces courses, qui se renouvelèrent plusieurs

fois, frustrant toujours sa fureur, Anguese, résolu d'en finir, osa vendre les vases d'or et d'argent de ses églises et en offrir le prix au pacha de Mardin pour qu'il fît mourir Mgr Samhiri. Ce pacha, nommé Baguandi, ordonna de saisir le saint évêque et de le jeter en prison, lui et tout son cortége. Cette fois, le coup ne put pas être prévu. Les envoyés du pacha trouvèrent Mgr Samihri en compagnie de son frère Hyza, qui revenait du pèlerinage de Jérusalem; ils se précipitèrent sur lui et commencèrent à lui lier les mains. Hyza voulut le défendre, comme saint Pierre avait voulu défendre le Sauveur; mais les soldats, se tournant contre lui, le frappèrent cruellement, puis, le liant comme l'évêque, ils les enfermèrent tous deux dans une affreuse prison, serrés de chaînes au cou, aux mains et aux pieds.

Le choléra régnait à Mardin, et les Jacobites avaient bien espéré qu'il viendrait à leur secours. Cette infâme espérance fut trompée : le fléau, aidé des rigueurs et de l'insalubrité de la prison, ne put rien contre celui qui était marqué du doigt de Dieu pour devenir un jour le chef de la nation syrienne, et peut-être pour ramener au centre de l'unité catholique tous ces Jacobites pervers. Mais en protégeant la vie de son serviteur, Dieu, cependant, lui infligea une épreuve plus terrible que toutes celles qu'il avait déjà traversées. Le lendemain de l'emprisonnement, à cinq heures du matin, Hyza Samhiri, homme excellent et jeune encore, fut pris du choléra avec une violence qui, tout d'abord, laissa peu d'espoir de le sauver; d'ailleurs, aucun moyen de lui porter secours, les prisonniers étaient enchaînés. Qu'on se figure la situation d'un frère voyant son frère souffrir et mourir sous ses yeux, sans pouvoir lui donner la moindre assistance ni même le serrer dans ses bras! La douleur, les larmes, les prières de Mgr Samhiri parvinrent cependant à émouvoir le cœur insensible des soldats turcs, et après de longs efforts, on obtint du pacha que le pauvre Hyza fût emporté dans sa maison; mais il était trop tard, et l'évêque bénit ce frère si cher, avec la cruelle conviction qu'il ne le verrait plus. En effet, au bout de quelques heures, Hyza Samhiri, après avoir reçu les derniers sacrements, rendit son âme à Dieu dans les sentiments de la plus chrétienne résignation.

Craignant le même sort pour l'évêque, les Catholiques mirent en commun leurs faibles ressources afin de le racheter. Ils y parvinrent, moyennant 2,000 fr. qui furent donnés au pacha, et Mgr Samhiri put se réfugier à Diarbakir. Il y continua ses prédications, car rien n'était capable de le réduire au silence, et, s'il cherchait à sauver sa vie, ce n'était que pour rendre gloire à Dieu par la confession et la propagation de la vérité. Lorsqu'il apprit que l'injuste Baguandi-Pacha n'était plus en place, il revint à Mardin, et ses exhortations y ranimèrent le zèle de la foi.

Anguese n'était pas moins affermi dans sa haine. Ne comptant plus sur les autorités turques, dont la cupidité toujours prête à faire le mal se prêtait aussi à le réparer, mais désirant toujours faire mourir l'apôtre des Catholiques, il eut l'infernale pensée d'exciter contre lui le fanatisme des Musulmans. Un jour, il ameuta les gens du peuple et leur dit qu'ils n'étaient plus fidèles à leur religion, puisqu'ils avaient laissé l'évêque Samhiri faire dans sa maison une espèce d'église, ce qui est tout à fait contraire à la loi de Mahomet. Ces reproches, adressés par un Chrétien, mirent la foule en fureur : pour montrer qu'elle avait toujours le zèle de la foi, elle se rua vers la maison de Mgr Samhiri, dans l'intention de le mettre en pièces. Averti au dernier moment, il n'eut que le temps de s'enfuir et de se cacher sous l'autel du Saint-Sacrement, dans l'église des Chaldéens catholiques.

Il y passa la journée entière, tandis que les Musulmans le cherchaient partout pour le tuer. La nuit venue, il se tira de sa retraite, non sans remercier Dieu qui l'avait caché comme sous son manteau, et ayant changé d'habits avec un pauvre qui mendiait à la porte de l'église, il parvint à s'échapper en franchissant les murs de la ville, de la même manière que saint Paul à Damas. Trois jeunes gens catholiques, suivant le même chemin, l'accompagnèrent en armes jusqu'à Diarbakir, son refuge ordinaire. Là, il attendit que les choses, toujours très-mobiles en Orient à cause de la vénalité des fonctionnaires, eussent pris une autre tournure.

Dieu permit que le calme revînt encore une fois et que l'évêque obtînt l'autorisation de prier et d'administrer les sacrements dans sa maison. Alors, les périls ne l'arrêtèrent pas; il reparut à Mardin, rouvrit sa demeure, que les Musulmans avaient tenue fermée, et continua d'enseigner, de prêcher et de convertir. Il disait comme l'Apôtre : « Malheur à moi si je n'évangélise, » et c'était le seul malheur qu'il craignît. Les fidèles voyaient sa persévérance, et leur fermeté le consolait. Il leur disait : Par la patience, vous gagnerez vos âmes.

Cependant, la haine d'Anguese ne se décourageait pas. Tous les jours, il inventait de nouvelles trames, il tendait de nouveaux piéges. Il fallut fuir, se cacher, se racheter encore bien des fois, jusqu'à la mort de ce terrible ennemi. Or, Anguese ne cessa de vivre qu'en 1847, de telle sorte qu'il y a eu vingt années de persécution.

La mort d'Anguese fut suivie de nombreuses conversions parmi les Jacobites, et, quelque temps après, Mgr Samhiri, avec les secours qu'ils avaient obtenus de Mgr Trioche, Français, délégué apostolique, put acheter un terrain pour la sépulture des catholiques, à la place des tombeaux que le patriarche Anguese leur avait ravis; il put aussi établir trois prêtres à Diarbakir, après y avoir acheté une maison semblable à celle de Mardin.

Tels avaient été les travaux de Mgr Samhiri, comme archevêque catholique de Mardin, lorsque les autres évêques catholiques de la nation syrienne jetèrent les yeux sur lui pour remplacer le vénérable patriarche Ignace-Pierre Djarvé, mort à la fin de l'année 1851. Déjà Rome l'avait désigné à leur choix en le nommant vicaire-patriarcal, et en décrétant que désormais la résidence patriarcale serait établie à Mardin, en Mésopotamie, où elle existait anciennement et où se trouve également la résidence du patriarche hérétique.

Les évêques Syriens, présidés par un délégué apostolique, chargé de représenter Sa Sainteté dans l'élection du nouveau patriarche, se réunirent au Mont-Liban; et là, après avoir pendant trois jours imploré l'Esprit-Saint par de ferventes prières, ils élurent, à l'unanimité des voix, l'archevêque de Mardin, Antoine Samhiri.

Aussitôt que ce résultat fut connu, une grande joie se manifesta au sein de l'assemblée ; un seul cœur resta dans l'angoisse, c'était celui de l'élu. Il considérait l'état de ce patriarcat dont il devenait le maître, ces persécutions, ces incendies, ces pillages, ce dénûment absolu, cette ville de Mardin, où il avait tant souffert, où tant de fois il avait dû racheter sa vie et jusqu'à son tombeau : et sentant son courage, si ferme pendant vingt-quatre ans, l'abandonner en ce moment solennel, il demanda s'il devait accepter le fardeau dont les électeurs chargeaient ses épaules fatiguées. « Oui, lui dirent-ils, ce n'est pas nous qui « vous nommons, c'est le Saint-Esprit. Obéissez à « cette voix divine qui s'est servi de nos voix. » Et lui alors, considérant l'exemple du Sauveur qui a passé sa vie et qui a voulu mourir dans les plus rudes travaux pour racheter les âmes, se répéta cette parole qui l'avait soutenu si souvent dans les persécutions : *Nemo discipulus est magis magistro suo*, et il se confia dans la toute-puissante protection de la sainte Vierge, à qui il s'était consacré depuis sa conversion.

L'élection avait eu lieu le 30 novembre 1853. Huit jours après tombait la fête de l'Immaculée-Conception de la sainte Vierge, et ce fut en ce beau jour que le nouveau patriarche voulut être consacré, afin de mettre plus encore sous la protection de Marie Immaculée et son troupeau, et son patriarcat et lui-même.

Maintenant que l'on connaît le patriarche syrien d'Antioche, on connaît aussi les motifs qui l'amènent en Europe. Il vient intéresser la charité des catholiques d'Occident en faveur de cette pauvre et malheureuse Eglise de Syrie, dont, par l'ordre de Dieu et du Souverain-Pontife, il a entrepris de relever les ruines.

Après avoir visité Rome et rendu son hommage au Saint-Père qui l'a comblé de bénédictions et d'honneurs, et après avoir obtenu les recommandations nécessaires du Saint-Siége apostolique, il a tourné ses pas vers la France, sa plus ancienne et sa plus constante protectrice. C'est d'elle qu'il vient implorer les secours matériels qui lui sont nécessaires pour assurer le triomphe de la foi catholique dans sa nation.

Comme on l'a vu, l'hérésie jacobite est fortement ébranlée. Un grand nombre d'âmes ont brisé ses liens. Là où les plus cruelles persécutions ont été impuissantes, que ne pourra pas la liberté?

Le mouvement prendrait immédiatement des proportions immenses et tout à fait victorieuses, si, pour profiter de cette liberté désormais assurée, la vraie foi comptait un plus grand nombre de prêtres.

Malheureusement, les prêtres manquent en beaucoup de lieux et sont partout en nombre insuffisant.

Pour créer des prêtres, il est nécessaire d'établir à Mardin :

1º Un séminaire en rapport avec les besoins de la nation et qui puisse, par le nombre des élèves et la solidité des études, rivaliser avec celui des hérétiques. Là se formeront non-seulement des curés résidants pour les diverses communautés syriennes répandues en Orient, mais encore des missionnaires qui bientôt iront visiter les Syriens catholiques et jacobites partout où ils sont dispersés ;

2º Une église proportionnée au nombre des fidèles, qui, depuis longtemps, ne peuvent plus tenir dans l'étroite chambre où la majesté du culte doit encore se renfermer ;

3º Enfin, une résidence patriarcale.

On sait que tout est à créer. Depuis le désastre d'Alep, l'église patriarcale ne possède plus rien absolument ; elle n'a pas même une pierre, pas même un peu de terre pour y poser le pied ; point de livres, point de vases sacrés, point d'ornements, point de mobilier pour la maison. Elle n'existe pour ainsi dire qu'en rêve, et les Catholiques syriens, appartenant presque tous à la classe indigente, épuisés d'ailleurs par vingt années d'exactions en tout genre, sont hors d'état de subvenir par eux-mêmes à tant de nécessités. Mais la France est là ; son drapeau vainqueur a paru aux yeux des Catholiques de l'Orient, qui ont tant de fois ressenti sa bienfaisante influence. La France ouvrira sa main généreuse, et la nation syrienne se rassemblera autour de la croix dans les lieux qui virent la prière d'Abraham, à qui Dieu a dit : *Par votre géné-ration, toutes les générations de la terre seront bénies.*

L'église patriarcale de Mardin sera dédiée à la très-sainte Vierge. Par l'intercession toute-puissante de Marie Immaculée, le patriarche, tous les chefs et jus-qu'au dernier petit enfant des Syriens, levant les mains de l'humble prière vers le Dieu des miséricor-des, lui demanderont de bénir la France.

Durant toute sa vie, aux huit fêtes solennelles du rit syriaque, Mgr le Patriarche célébrera la sainte messe à l'intention des bienfaiteurs vivants et morts. En outre, et à perpétuité, tous les prêtres qui célébre-ront la messe, soit dans l'église soit dans le séminaire, diront un *memento*, aux mêmes intentions.

L'abbé Jean MAMARBASCHI,

Secrétaire de Mgr le Patriarche d'Antioche.

Paris. — Impr. Tailly, Divry et Cⁱᵉ, place Sorbonne 2.

www.ingramcontent.com/pod-product-compliance
Lightning Source LLC
LaVergne TN
LVHW012121170726
843501LV00008BC/2958